Cómo ser el papá o la mamá que siempre quisiste ser

Cómo ser el papá o la mamá que siempre quisiste ser

Adele Faber y Elaine Mazlish

Ilustraciones de Kimberly Ann Coe

 Planeta

Título original: *How to be the parent you always wanted to be*

Traductor: Estela Peña Morlatore
Adaptación de interiores: Emilia Martínez

Diseño de portada: José Luis Maldonado
© 1992, The International Center de Creative Thinking, una división de JMW Group, Ltd, ilustraciones

© 1992, 2013, Adele Faber y Elaine Mazlish. Texto
© 1992, Adele Faber y Elaine Mazlish. Audio

Esta es una versión revisada y actualizada de la anterior publicación de Hyperion en 1992

Esta traducción es publicada por acuerdo con Adele Faber y Elaine Mazlish, c/o Markel Enterprises Inc.

Derechos exclusivos en español para México y América Central

© 2016, Editorial Planeta Mexicana, S.A. de C.V.
Bajo el sello editorial DIANA M.R.
Avenida Presidente Masarik núm. 111, Piso 2
Colonia Polanco V Sección
Deleg. Miguel Hidalgo
C.P. 11560, México, D.F.
www.planetadelibros.com.mx

Primera edición: enero de 2016
ISBN: 978-607-07-3207-2

Impreso en los talleres de Litográfica Ingramex, S.A. de C.V.
Centeno núm. 162-1, colonia Granjas Esmeralda, México, D.F.
Impreso y hecho en México – *Printed and made in Mexico*

Contenido

Querido amigo:

Éste es un libro que se gestó lentamente.

El primer indicio que tuvimos sobre la necesidad de escribirlo llegó años después de que nuestros libros anteriores habían ganado premios y habían escalado la lista de los mejor vendidos.

Nos encontrábamos en un auditorio rebosante. La noche anterior habíamos descrito y dramatizado las habilidades de comunicación que forman el núcleo de una recíproca relación padres e hijos, cuidadosa y respetuosa. La mañana siguiente, por todas partes en el auditorio había manos levantadas. La gente no podía esperar para compartir sus experiencias y comentar cuán sorprendidos estaban con los resultados. "¡Fue maravilloso!"; "¡No puedo creer lo que escuché!"; "¡Esta cosa sí funciona!"

En medio de todas las dulces historias de éxito, una mujer tenía el ceño fruncido. Tuvimos un breve diálogo:

—Okay, esto es maravilloso, ¿pero qué hago con mi marido?

—Dile lo que escuchaste anoche.

—Nunca me va a escuchar.

—¿Por qué no le das uno de nuestros libros?

—Nunca va a leer un libro.

—¿Ni siquiera si fuera pequeño?

—Tal vez. Pero tendría que ser realmente pequeño.

Un hombre alzó la mano y también intervino:

—Las he seguido durante un año, me quedé para el taller. Tengo que admitir que fui un padre fantástico después de eso… por aproximadamente una semana.

—¿Y luego?

—Volvía a ser como antes. Es por eso que estoy aquí hoy. Espero que esta vez se me quede.

Alguien más intervino y nos llevó a centrarnos en el tema del seminario. Pero ambas reacciones nos inquietaron y detonaron una larga discusión en nuestro vuelo de regreso a casa:

¿Cómo podíamos ayudar a los padres en estos tiempos a aprender nuevas formas de hablar con sus hijos?

¿Cómo les podíamos mostrar la profunda diferencia que unas cuantas habilidades sencillas pueden hacer en sus relaciones?

¿Cómo ayudarlos a mantenerse firmes en lo que aprendieron, si viven en medio de una cultura popular que está saturada de sermones, amenazas, etiquetas y sarcasmo?

El libro que tienen entre sus manos es el resultado de esta discusión. Es una introducción a nuestro trabajo que les dará la posibilidad de experimentar, practicar y hacer de estos poderosos nuevos métodos una parte de ustedes. También puede servir como un recordatorio a quienes quieran afinar y revisar sus habilidades. Adicionalmente, pueden compartirlo con las personas importantes en la vida de sus hijos: abuelos, parientes, nanas, niñeras y, desde luego, con su pareja.

No es sencillo cambiar profundamente los modos de hablar, especialmente cuando uno está cansado, estresado, frustrado o simplemente exhausto. Esperamos que la combinación de las caricaturas, las historias y los sencillos ejercicios que componen este libro les den las herramientas que necesitan para cumplir uno de los trabajos más retadores e importantes del mundo.

Con nuestros mejores deseos,

Adele Faber
Elaine Mazlish

Parte 1

Principios y habilidades

Sobre los sentimientos

*"Lo que me molesta de los niños es cómo lloran
por las cosas más simples y no se detienen.
Y no hay forma de razonar con ellos."*

Sobre los sentimientos

Cuando se niegan o menosprecian sus sentimientos negativos,
los niños generalmente se molestan más.

Incluso una solución lógica por parte de los padres
parece que no ayuda.

Los niños quieren que tú sepas cómo se están sintiendo ellos

A veces basta con escucharlos.

A veces una palabra como "oh" o "mmmm" les permite saber que los entiendes.

A veces ayuda si nombras los sentimientos.

La mayoría de los niños aprecian cuando les das con la fantasía lo que no pueden tener en la realidad.

Puedes aceptar los sentimientos de tus hijos aun cuando necesites detener o limitar sus acciones.

Practicar sentimientos de aceptación

Parte I
En cada uno de los ejemplos siguientes, elige la respuesta que muestra que comprendes.

1. NIÑO: Papá casi me mata cuando sacó la astilla de mi
   MADRE: dedo.
      a) No puede haber sido tan terrible.
      b) Parece que dolió mucho.
      c) Lo hizo por tu propio bien.

2. NIÑO: Sólo porque había un poco de nieve, el entrenador canceló el partido.
   PADRE: a) Debe ser una gran decepción. Estaban listos para jugar y ahora tienen que esperar.
      b) No te desanimes. Tendrás muchas oportunidades más de jugar.
      c) El entrenador tomó la decisión correcta. A veces una pequeña nevada puede convertirse en una gran nevada.

3. Una niña está jugando con tu nuevo collar de cuentas.
   MADRE: a) ¿Cuántas veces te he dicho que no toques mis joyas? Eres una niña mala.
      b) Por favor no juegues con las cuentas de mamá. Las puedes romper.
      c) En verdad que te gustan mis nuevas cuentas. El problema es que se rompen fácilmente. Pero puedes jugar con estas cuentas de madera o con la mascada.

4. NIÑO: No me gustan las arañas.

PADRE: a) ¡Oh!

b) ¿Por qué? Son parte de la naturaleza.

c) A mí tampoco me gustan.

5. NIÑO: (*con ansiedad*) Mañana tengo examen final de matemáticas.

PADRE: a) Relájate. Te va a ir bien.

b) Si dedicaras más tiempo a estudiar, no estarías preocupado.

c) Pareces preocupado. Apuesto a que quisieras que ya hubiera terminado.

6. Tu hijo está comiendo espagueti con los dedos.

PADRE: a) Tus modales en la mesa son deplorables.

b) Sé que es tentador comer con los dedos. Pero cuando la familia se reúne a comer, quiero que uses un tenedor.

c) No puedo creer que a tu edad aún sigas comiendo con los dedos.

7. HIJA: David quiere invitarme al baile de la escuela. Es realmente lindo, pero no estoy segura…

PADRE: a) Anda, ¡ve! Ya verás, te vas a divertir.

b) Bueno, decide si quieres ir.

c) Así que una parte de ti quiere ir y una parte de ti no está segura.

8. HIJO: Me voy a escapar de la casa.

PADRE: a) Está bien. Te ayudo a empacar.

b) No seas tonto. No quiero oír ese tipo de cosas.

c) Parece que no estás feliz. Apuesto a que quisieras que muchas cosas fueran diferentes por aquí.

Respuestas: 1b, 2a, 3c, 4a, 5c, 6b, 7c, 8c

Practica para reconocer sentimientos

Parte II

Debajo de cada oración escribe:

    a) Una respuesta que no ayude.

    b) Una respuesta que ayude reconociendo los sentimientos.

1. "¡Nunca más voy a jugar con Susy!"

    R. que no ayuda: _____

    _____

    _____

    _____

    R. que ayuda: _____

    _____

    _____

    _____

2. "¿Por qué mi hermana recibió tantos regalos de cumpleaños?"

    R. que no ayuda: _____

    _____

    _____

    _____

    R. que ayuda: _____

    _____

    _____

    _____

3. "El dibujo que hice está feo."

    R. que no ayuda: _____

                    _____

                    _____

    R. que ayuda: _____

                    _____

                    _____

4. "La maestra hizo muchos exámenes."

    R. que no ayuda: _____

                    _____

                    _____

    R. que ayuda: _____

                    _____

                    _____

5. El niño no se ve feliz.

    R. que no ayuda: _____

                    _____

                    _____

    R. que ayuda: _____

                    _____

                    _____

Posibles respuestas

He aquí algunas respuestas posibles para las frases de los niños de las páginas precedentes. No hay respuestas "correctas". Siempre que reconozcamos con respeto los sentimientos de los niños, los ayudamos.

1. "¡Nunca voy a volver a jugar con Susy!"
   R. que no ayuda: No lo dices en serio. Susy es tu mejor amiga.
   R. que ayuda: Algo que hizo te molestó mucho.

2. "¿Por qué mi hermana recibió tantos regalos de cumpleaños?"
   R. que no ayuda: Bueno, en tu cumpleaños tú recibirás regalos y ella no.
   R. que ayuda: Es duro ver que tu hermana recibe tantos regalos. Desearías que fuera tu cumpleaños.

3. "El dibujo que hice está feo."
   R. que no ayuda: No es cierto. Está bonito.
   R. que ayuda: Veo que no estás satisfecho con la forma en que salió tu dibujo.

4. "La maestra nos hizo muchos exámenes."
   R. que no ayuda: Te quejas de todo.
   R. que ayuda: Si por ti fuera, ella haría menos exámenes.

5. El niño no se ve feliz.
   R. que no ayuda: ¿Qué pasa? Si no me dices que está mal, no te puedo ayudar.
   R. que ayuda: Algo no anda bien. Algo te hace estar triste.

Sobre la cooperación armoniosa

*"Me siento tan frustrado
cuando les pido a los niños que hagan
algo y me ignoran completamente."*

Sobre la cooperación armoniosa

A los niños les resulta difícil cooperar cuando sus padres los culpan, los amenazan, les dan órdenes o les ponen apodos o etiquetas.

Describe lo que ves.

Dilo con una palabra.

Proporciona información.

Describe cómo te sientes.

Ofrece alternativas.

Escribe una nota.

Practica la cooperación armoniosa

Parte I

En cada una de las siguientes situaciones elige la respuesta que invite de mejor manera a la cooperación y que mantenga intacta la autoestima del niño.

1. Un niño está pintando en la sala.

   PADRE: a) Si te veo otra vez con esas pinturas en la sala las voy a tirar.

   b) La pintura puede manchar la alfombra. Pinta en la cocina o en tu recámara. Decídelo tú.

   c) ¿Qué te pasa? ¿Sabes lo difícil que es quitar la pintura de la alfombra?

2. NIÑO: (*lloriqueando*) Mamá, me tienes que llevar hoy a comprar los útiles escolares. Dijiste que lo harías.

   MADRE: a) ¡Deja de lloriquear!

   b) Ahora no me molestes. Tal vez más tarde.

   c) Así es como me gusta que me pidan las cosas: "Mamá, ¿me puedes llevar hoy a comprar los útiles escolares?"

3. Un niño sale a toda prisa dejando su tarea en la mesa.

   PADRE: a) Jimmy, ¡tu tarea!

   b) Jimmy, regresa inmediatamente. Eres un cabeza hueca. Mira lo que dejaste en la mesa.

   c) Pasaste toda la noche haciendo la tarea y sales sin ella. ¡Eso es brillante!

4. NIÑO: Mamá, cuelga el teléfono. Tengo algo que decirte.

MADRE: a) ¡Déjame en paz! ¿No puedo tener una conversación tranquilamente?

b) Shhh, callado. Ya casi termino.

c) Me gustaría terminar de hablar. Puedes escribir o dibujar lo que me quieres decir.

5. Tu hijo olvidó regar la planta que le compraste.

PADRE: a) Me suplicaste que te comprara la planta y ahora dejas que muera.

b) Las hojas de tu nueva planta se están secando.

c) La próxima planta que te compre va a ser de plástico.

Respuestas: 1b, 2c, 3a, 4c, 5b.

Practica la cooperación armoniosa

Parte II
Tu hija se cepilla los dientes y deja goteando el agua del lavamanos.

1. ¿Qué le podrías decir que no ayudara a su autoestima o a la relación entre ustedes?

_____

_____

_____

2. Demuestra cómo podrías utilizar cada uno de los métodos enunciados a continuación para lograr la cooperación de tu hija.

    a) Describe lo que ves.

_____

_____

_____

    b) Proporciona información.

_____

_____

_____

    c) Ofrece alternativas.

_____

_____

_____

d) Dilo en una palabra.

_____

_____

_____

e) Describe cómo te sientes.

_____

_____

_____

f) Escribe una nota.

_____

_____

_____

Posibles respuestas

He aquí algunas respuestas no útiles para la niña que ha dejado goteando el grifo del lavamanos.

¿Quién dejó corriendo el agua?
¿Cuántas veces tengo que recordarte que cierres el grifo?
¿Por qué eres tan descuidada?
Por gente como tú, hay escasez de agua.

He aquí algunas respuestas que pueden invitar a la cooperación dejando intactos los sentimientos, tanto de los padres como de la hija, respecto de sí mismos y respecto del otro.

a) Describe lo que ves.
El grifo está goteando.

b) Proporciona información.
Incluso un goteo puede desperdiciar muchos litros de agua al día.

c) Ofrece alternativas.
Puedes cerrar el grifo con la mano derecha o con la izquierda.

d) Dilo en una palabra.
El grifo.

e) Describe cómo te sientes.
Me molesta que se desperdicie el agua.

f) Escribe una nota.
Si un plop, plop, plop, escuchamos,
corre al lavamanos.
No la dejes escapar.
Otro día la puedes necesitar.

Gracias,
La gerencia.

(A los niños les encantan las rimas, pero un simple "Por favor cierra el grifo después de usarlo" o "ayuda a evitar fugas", pueden servir también.)

Alternativas
para los castigos

"Cuando un niño hace algo muy malo,
¿no debe de ser castigado?
¿De qué otro modo podría aprender?"

Los problemas con los castigos

Muchos padres creen que la forma de disciplinar a un niño que se ha comportado mal es castigándolo. Estos padres están convencidos de que sólo hay un modo para que un niño "aprenda la lección".

Pero la mayoría de los niños no reaccionan de ese modo cuando son castigados.

Algunos niños piensan…

Otros niños piensan…

Otros piensan…

Resolución de problemas

¿Cómo pueden los padres motivar a sus hijos a comportarse responsablemente? ¿Existen alternativas para los castigos? Una alternativa es sentarte con el niño y trabajar para resolver juntos el problema. He aquí cómo funciona el método de resolución de problemas.

**Paso I. Escucha y comprende los sentimientos
y las necesidades del niño.**

No critiques lo que diga. Aliéntalo a que explore todos sus sentimientos.

Resume el punto de vista de tu hijo.

Paso II. Habla acerca de tus sentimientos o necesidades.
(Es conveniente que esta parte sea breve.)

Paso III. Invita a tu hijo a buscar juntos soluciones.

Paso IV. Escriban todas las ideas. No comentes si son buenas o malas. (De ser posible, deja que el niño inicie.)

Paso V. Decidan cuáles ideas no les gustan, cuáles sí, y qué plan van a seguir a continuación.

Practica la resolución de un problema

Imagina que tienes una hija de seis años, Amy, quien es demasiado brusca con su hermanito de dieciocho meses, Billy. Le has advertido a Amy una y otra vez que no lastime a su hermano, pero te ignora. Es cierto, a veces Billy toma sus juguetes pero ya le explicaste a Amy que su hermano es solamente un bebé y no entiende. Hoy Billy arrancó una página de su libro favorito, y Amy lo empujó tan fuerte que cayó y se hizo un chichón en la cabeza. Parece que no hay otra alternativa más que castigarla. Pero ¿cómo? Le puedes pegar de la misma forma como ella le pegó a su hermano. O le puedes prohibir que juegue con sus amigos una semana. O le puedes quitar su juguete nuevo.

En lugar de ello, decides escuchar respetuosamente su punto de vista, compartir el tuyo, y pedirle que juntas busquen la forma de resolver el problema.

Paso I. Escucha y reconoce los sentimientos y necesidades de tu hija.
He aquí un ejemplo de lo que podrías decir para abordar el tema.

PADRE: Me he dado cuenta de que cuando Billy toma tus juguetes, te enojas tanto que o le pegas o lo empujas. ¿Es así?
Y he aquí lo que tu hija podría responder:

NIÑA: *¡Sí! Es como la peste. Me molesta todo el tiempo. Rompió mi libro. Tuve que empujarlo. Debería jugar con sus propios juguetes.*

PADRE: (Continúa la conversación reconociendo los senti-
          mientos de tu hija.)

          _____
          _____
          _____
          _____

PADRE: (Averigua si hay algo más que la esté molestando.)

          _____
          _____
          _____
          _____

NIÑA: (¿Qué podría añadir?)

          _____
          _____
          _____
          _____

PADRE: (Resume los puntos de vista de tu hija.)

          _____
          _____
          _____
          _____

**Paso II. Habla acerca de tus sentimientos o necesidades.
Hazlo en forma breve.**

PADRE: _____
_____
_____
_____
_____

Paso III. Invita a tu hija a que juntos busquen soluciones.

PADRE: _____
_____
_____
_____
_____

**Paso IV. Escriban todas las ideas. No comentes si son buenas o
malas. De ser posible, deja que la niña inicie. Por ejemplo:**

Mándalo a vivir con la abuela _____
_____
_____
_____
_____

**Paso V. Decidan qué ideas no les gustan,
cuáles sí y el plan que seguirán.**

PADRE:
_____
_____
_____
_____
_____

HIJA:
_____
_____
_____
_____
_____

PADRE:
_____
_____
_____
_____
_____

HIJA:
_____
_____
_____
_____
_____

Paso VI. Dense la mano para cerrar el trato.

Resolver el problema juntos

He aquí nuestra versión del tipo de plática que podría darse entre un padre y su hija para resolver el problema de que ella está golpeando al hermanito menor.

Paso I. Escucha y reconoce los sentimientos y necesidades de tu hija.

PADRE: Me doy cuenta que cuando Billy toma tus juguetes, te hace enojar tanto que le pegas o lo empujas. ¿Es así?

HIJA: ¡Sí! Es como la peste. Rompió mi libro. *Tuve* que empujarlo. Debería jugar con sus juguetes.

PADRE: *(reconociendo los sentimientos de la hija)* Así que pegarle es tu forma de decirle: "No rompas o destruyas mis cosas. Juega con tus propios juguetes y déjame en paz".

HIJA: Sí.

PADRE: *(buscando si hay algo más que la hija quiera añadir)* ¿Hay algo más que te molesta de lo que hace Billy? Me gustaría saberlo.

HIJA: La vez que lo dejé jugar con mi rompecabezas, me perdió dos piezas. Y tiró mi osito de peluche al escusado.

PADRE: *(resumiendo el punto de vista de la hija)* Así que no solamente te molesta cuando juegan; también que cuando tratas de ser amable con él, te pierde tus cosas o las arruina.

Paso II. Habla acerca de tus sentimientos.

PADRE: Mira, así es como veo el asunto. Me molesta mucho cuando uno de mis hijos lastima a otro de mis hijos.

Paso III. Invita a tu hijo a encontrar juntos soluciones.

PADRE: Vamos a ver si juntos podemos pensar en formas en las que puedan jugar pacíficamente, manteniendo a salvo tus juguetes y que al mismo tiempo tu hermano no salga lastimado.

Paso IV. Escribe todas las ideas. No las comentes o las califiques de buenas o malas. (De ser posible, que inicie tu hija.)

NIÑA: Mándalo a vivir con la abuela.

PADRE: Lo voy a escribir. ¿Qué más?

HIJA: Haz que se quede en su cuna.

PADRE: (*escribiendo*) Dejarlo en la cuna. Bien, ¿qué más?

HIJA: Puedo cerrar mi puerta.

PADRE: (*escribiendo*) Cerrar la puerta. Podemos poner los juguetes que no quieres que tome en la repisa más alta, así no los puede alcanzar.

HIJA: O ponerlos dentro de mi armario.

PADRE: Ya lo tengo. Pero ¿qué puedes hacer cuando toma un libro que es especial para ti?

HIJA: Le puedo decir: "Ése es mi libro" y le puedo dar otro que no me importe que tome.

PADRE: (*aún escribiendo*) Y si quieres jugar sola le puedes decir: "En este momento quiero jugar sola".

Paso V. Decide qué ideas no les gustan, cuáles si, y elaboren un plan.

PADRE: Bueno, no estoy de acuerdo con la primera idea de enviarlo a vivir con la abuela. No puedo mandar fuera a ninguno de mis hijos. Así que mejor la tachamos.

HIJA: Y si lo dejamos en la cuna, va a llorar todo el tiempo. Así que también táchala.

PADRE: Pero sí puedes cerrar la puerta de tu cuarto cuando quieras privacidad.

HIJA: Y puedo esconder mis mejores juguetes en el armario.

PADRE: ¿Crees que si toma un juguete que no quieres que toque, se lo podrías quitar suavemente?

HIJA: Sí, pero ¿qué pasaría si le doy otro juguete o le digo que quiero jugar sola y no me hace caso?

PADRE: Si intentas todo lo que hemos hablado y sigue sin funcionar, siempre me puedes llamar y lo llevamos a su cuarto. Pero tengo la impresión de que irás encontrando nuevas formas de tratar con gentileza a Billy.

Paso VI. Padre e hija se dan la mano para cerrar el trato.

PADRE: Vamos a darnos la mano para cerrar el trato de las ideas que tuvimos y vamos a pegar esta hoja en el refrigerador para que ambos las recordemos.

¿Qué hacer si la solución no funciona?

A veces los padres nos preguntan: "¿Qué sucede si la solución propuesta funciona sólo momentáneamente y después ya no? Supongan que el niño vuelve a su conducta anterior. ¿Qué se hace entonces?".

Éstas son las ocasiones en que nuestra determinación es puesta a prueba. Podemos volver a dar sermones y castigar o podemos revisar la hoja de acuerdos. Por ejemplo:

PADRE: Estoy decepcionado de que nuestras ideas ya no están funcionando. Veo que otra vez le pegas a Billy y eso no es aceptable. ¿Volvemos a nuestro plan? ¿Hablamos al respecto? ¿O necesitamos nuevas ideas?

Como padres, nos damos cuenta de que incluso el plan más perfecto no será permanente. Lo que funcionaba para el niño cuando tenía seis años tal vez a los siete ya no sirva. La vida es un continuo proceso de ajuste y reajuste para enfrentar y solucionar problemas. Al involucrar al niño en la búsqueda de soluciones, le estamos dando herramientas para que resuelva los problemas que enfrenta en casa, y para los que le esperan más tarde en el complejo mundo.

Sobre los elogios

*"A veces a mis hijos les gusta cuando los elogio.
A veces no. ¿Qué es lo que no veo?"*

**A algunos niños, los elogios pueden hacerlos
sentir realmente mal.**

¿Por qué mis hijos me ignoran cuando los elogio? Le digo a mi hija que es lista y ella dice: "Lisa es más lista". Le digo: que es hermosa y dice: "Estoy gorda". Le digo que es una hermana mayor fantástica, una talentosa artista y empuja a su hermana y me dice que no sabe dibujar. Es como si quisiera demostrar que estoy mal.

Es peor aún con mi hijo. Estaba tratando de encestar el balón hasta que lo logró. Lo animé: "¡Perfecto! Qué bien lo haces!". Dejó la pelota y se metió a la casa. No lo entiendo. Cada vez que trato de elogiar a los chicos, parece que causo el efecto contrario.

Acabas de poner el dedo en la llaga del problema respecto del elogio global que evalúa a los niños. Palabras como "listo", "bonita" y "perfecto", además de hacer que se enfoquen en todo lo malo que hay en ellos, los puede incluso desalentar para continuar tratando. Después de todo, si ya soy perfecto ahora, ¿para qué me arriesgo a echarlo a perder la próxima vez?

¿Significa que debo dejar de elogiarlos?

Significa que si queremos alentar a nuestros hijos a creer en ellos mismos, a que sigan esforzándose, necesitamos alejarnos de palabras que evalúen, como "bueno", "grandioso", "fantástico", "¡lo máximo!". En cambio, es mejor simplemente describir. *Puedes describir lo que ves o lo que sientes*.

Describe lo que ves.
- No abandonaste el problema hasta que lo resolviste.
- ¡Hey, atinaste el tiro. Fuiste directo a la canasta!
- A pesar de que tenías tus propias cosas que hacer, le ayudaste a tu hermana con su tarea.

Describe cómo te sientes.

- Me encanta tu pintura del atardecer en el mar. Me causa un sentimiento de alegría y paz.
- Me dan ganas de reír cada vez que me acuerdo del chiste que me contaste.

El resultado de describir lo que vemos o cómo nos sentimos es casi mágico. Además de reforzar los esfuerzos de nuestros hijos, les ayuda a creer en ellos mismos. Lo mejor de todo es que les da el valor y la motivación para continuar sus esfuerzos. El mensaje interior se escucha fuerte y claro: "No me rendí hasta solucionar el problema", "Mientras más practico, mejor lo hago", "Puedo ser amable incluso cuando estoy bajo presión", "Sé contar buenos chistes", "Pinté un hermoso atardecer".

No hay duda. El elogio descriptivo puede ser una potente herramienta para construir niños seguros y atentos.

He aquí otra variante para tu caja de herramientas de elogios:

Resume lo que ves en una palabra.

- No dejaste de trabajar en esa pieza hasta que te aprendiste cada nota. Eso se llama persistencia.
- Veo que le dejaste un pedazo de pastel a tu hermana. Eso es fuerza de voluntad.
- Recogiste las hojas del jardín, y sin que te lo pidiera. Eso se llama hacerse responsable.

Pero supón que no hay nada que elogiar. Supón que el autobús de la escuela está por llegar y ella aún no se ha vestido… o se queja todo el tiempo de que su maestra le deja mucha tarea y no hay manera de que la termine.

Éstos son los momentos en que nos vemos tentados a decirles a nuestros hijos todo lo que está mal en ellos:

- ¿Por qué te toma siempre una vida entera vestirte? ¡Mírate! Sigues descalza. A este paso no vas a alcanzar el autobús.
- Si empezaras a hacer la tarea cuando te digo, en lugar de estar jugando tu estúpido videojuego, a esta hora ya habrías terminado. Pero no, ¡claro, siempre tienes una excusa para hacerla después!

En lugar de esto podemos corregir el curso y describir a los niños lo que *sí* han logrado, por mucho o poco que sea.

- Ya te vestiste, desayunaste y te cepillaste los dientes. Lo único que te falta es encontrar tus zapatos y tus calcetas y ¡estás lista!
- Veamos… diez problemas de sumas y restas de fracciones. Es bastante tarea. Pero me doy cuenta de que ya viste cómo resolver los primeros dos. Veo que ya estás en camino.

Al señalar el progreso que han hecho, sea grande o pequeño, les damos a los niños ánimo para perseverar.

Pero supón que no hay de verdad nada que elogiar. Y supón además que tienes uno de estos niños ultrasensibles que se desmoronan cuando hacen algo mal.

Ayúdales a darse cuenta de que sus errores pueden ser un descubrimiento importantísimo. Una madre contó cómo su hijo de tres años estaba feliz agitando su taza entrenadora mientras hablaba con su mamá. De pronto la tapa salió volando, y el jugo se derramó encima de él y por todo el piso. El pequeño comenzó a llorar histéricamente.

—Sammy —exclamó la madre en tono dramático— *¡lo descubriste!*

Dejó de llorar y la miró confundido. Lentamente ella le dijo:

—Descubriste que si agitas la taza entrenadora, la tapa puede caerse y el jugo saldrá volando por todos lados.

La siguiente semana, cuando la abuela llegó de visita, dejó su bolsa, sus paquetes y sus lentes sobre el mueble de la cocina. Poco después, al tomar uno de los paquetes sus lentes se cayeron al suelo. Y ella exclamó: "¡Oh no!", y se agachó a recogerlos; Sammy la jaló de la chaqueta y con gran emoción le dijo:

—¡Abuela, lo descubriste!.

—¿Qué cosa? —preguntó ella.

—Descubriste —explicó el pequeño— que cuando dejas tus lentes en la orilla del mueble de la cocina se pueden caer.

—Mmmm —dijo la abuela asombrada— tendré que recordar eso.

Practica el elogio descriptivo

Parte I

Elige la frase que ayudará más al niño a tener confianza en sí mismo.

1. a) Fuiste el mejor en la obra.
   b) Desde que te paraste en el escenario, todo el público estaba riendo y estaba pendiente de cada palabra que decías.

2. a) Me gusta cómo se ven los colores de tu camisa y tu pantalón juntos.
   b) Siempre te vistes muy bien.

3. a) Tu caligrafía no está mal. Solamente necesitas trabajar más. Las palabras están amontonadas y las letras todas regadas.
   b) Estas letras de aquí están en el renglón correcto. Y estas tres palabras son fáciles de leer porque hay espacios más grandes entre ellas.

4. a) Viste que estaba muy ocupada y recogiste la mesa sin que te lo pidiera. Lo aprecio mucho.
   b) Eres siempre tan ayudador.

5. a) Si hubieras leído la etiqueta antes de echar a lavar el suéter, aún te quedaría.
   b) Acabas de descubrir que el agua caliente realmente encoge los suéteres de lana.

6. a) Gracias por avisarme que llegarías tarde. Eso me quita mucha preocupación.

b) Siempre puedo contar contigo, porque eres muy considerado.

7.   a) Diez en tu examen de matemáticas. ¡Eres tan inteligente!
     b) Estuviste tratando de resolver cada uno de los problemas hasta que lo lograste. Eso se llama perseverancia.

8.   a) Cuando la enfermera te picó ni siquiera respingaste. Mantuviste firme el brazo y eso ayudó a que encontrara la vena fácilmente.
     b) Estoy muy orgullosa de ti. ¡Eres muy valiente!

9.   a) Gracias por palear la nieve hoy. Hizo que fuera más fácil sacar el coche.
     b) ¡Buen trabajo!

10. a) ¡Eres siempre tan generoso!
     b) ¡Qué sorpresa! Hiciste palomitas para todos.

Respuestas: 1b, 2a, 3b, 4a, 5b, 6a, 7b, 8a, 9a, 10b.

Practica el elogio descriptivo

Parte II
Para cada situación escribe un comentario descriptivo que incluya aprecio y que ayude al niño a reconocer sus fortalezas.

1. Es cumpleaños de tu hijo. Abre con gusto el regalo que le dio su amigo. Es un videojuego que ya tiene. Le da las gracias por el regalo.
   Tu comentario:

   _____

   _____

   _____

2. Tu hija se pone a practicar su lección de piano apenas vuelve de la escuela.
   Tu comentario:

   _____

   _____

   _____

3. Tu hijo adora la pasta. Cuando le pasan el platón se empieza a servir todo en su plato. De pronto se detiene, mira a su alrededor, y regresa pasta al platón.
   Tu comentario:

   _____

   _____

   _____

4. Tu hijo pequeño acaricia suavemente al perrito.
   Tu comentario:

   _____

   _____

   _____

5. Tu hijo adolescente deja una nota en la mesa de la cocina diciendo que salió y a qué hora volverá.
   Tu comentario:

   _____

   _____

   _____

6. Tu hijo de preescolar usa la servilleta para limpiarse la boca en lugar de limpiarse con la manga.
   Tu comentario:

   _____

   _____

   _____

Posibles respuestas

1. No le dijiste a tu amigo que ya tenías ese videojuego. Fue amable de tu parte que te preocuparas por sus sentimientos.

2. Te pusiste a practicar tu lección de piano sin que nadie te lo recordara. A eso llamo yo autodisciplina.

3. A pesar de que te encanta la pasta, cuando viste que posiblemente no alcanzaría para todos, regresaste un poco al platón. Eso fue muy considerado.

4. Acariciaste muy suavemente a Barney hoy. Movió su colita para demostrarte cuánto le gustó.

5. Esa nota que dejaste me ahorró mucha preocupación. Gracias por tomarte el tiempo y por ser tan claro y específico.

6. No te limpiaste con la manga ni siquiera una vez. Recordaste siempre usar la servilleta.

Sobre el enojo

"Cada mañana pido que hoy sea diferente.
Hoy seré un padre amoroso, amable, paciente.
Y cada mañana me transformo
en un horrible maniaco histérico."

¿Cómo manejo mi enojo? No importa cuánto me esfuerzo en controlarme, termino haciendo y diciendo cosas de las que me arrepiento.

Ser padre es un trabajo estresante. Los hijos nos pueden exasperar. Decirnos a nosotros mismos que no sintamos lo que sentimos únicamente hace que sintamos más ira y desesperación. El reto es lograr expresar nuestros sentimientos en formas que nos den alivio sin dañar a nuestros hijos.

He aquí algunas experiencias y descubrimientos que nos ayudaron a nosotras:

¡Corre por tu vida!

Una madre en nuestro grupo de padres, dirigido por el doctor en psicología Haim Ginott, fue la primera en hablar. Estaba evidentemente agitada.

—Doctor Ginott, estaba tan enojada esta mañana. ¡No sabía si pegarle o matarlo!

—Ante la disyuntiva entre pegar y matar, elija siempre pegar —dijo el doctor Ginott.

Todos reímos.

—Pero básicamente estoy en contra de los golpes —continuó—. Qué es lo que un niño aprende cuando su padre lo golpea y enfatiza cada palabra con cada golpe: "¡Esto te enseñará, de una vez por todas, a nunca pegarle a alguien más pequeño que tú!"

—Lo sé... lo sé... nos lo has dicho cientos de veces. Los niños aprenden lo que viven, pero ¿qué más podría hacer? ¿Qué harías tú?

El doctor Ginott se irguió tanto como pudo, levantó su mano en un gesto amenazador, y habló rudamente a un niño imaginario.

—¡Estoy tan enojado… tan enojado, que estoy a punto de pegarte! Así que ¡rápido!, ¡corre por tu vida!

Reímos de nuevo, pero la siguiente semana la misma madre inició la sesión reportando un triunfo ante el grupo:

—¡Lo hice! —exclamó— estaba tan furiosa con mi hijo Tony, porque despertó a la bebé y la hizo llorar, que le grité exactamente lo que nos dijo. ¡Y él corrió! Dos minutos más tarde, asomó su cabecita en mi habitación y preguntó: "¿Ya puedo volver?". No, todavía no —respondí severamente—. ¡No hasta que se te ocurra una manera de ayudar a tu hermanita a sentirse mejor! Cuando me asomé, estaba caminando con una manta encima de su cabeza, haciendo ruidos chistosos y jugando "¿dónde está la bebé?" con su hermanita. Ella reía cada vez que él se quitaba la manta de la cabeza.

Después de felicitar a la madre, hubo un consenso general sobre que ninguna táctica será eficaz a menos que, en lugar de decirnos que no debemos sentir lo que sentimos, demos rienda suelta a nuestros sentimientos más intensos con las habilidades que hemos aprendido.

Cada quien tiene su propio estilo.

Dilo con una palabra.
Cada vez estaba más frustrada de tener que recordarle a mi adolescente por enésima vez que colgara su chaqueta en lugar de dejarla tirada en el piso, que apagara la luz del baño al salir, que bajara el volumen de la música, etc. Ahora, en lugar de mi sermón habitual, le hago ver lo molesta que estoy con una sola palabra:

—Jeff, ¡la chaqueta!

—Jeff, ¡la luz!

—¡La música!, ¡El volumen!, ¡Mis oídos!

Funciona. Gritar una sola palabra me da más alivio y llama su atención. Lo mejor de todo es que en lugar de que me desgaste yo, él tiene la posibilidad de saber qué hacer.

Di lo que no te gusta.
Y qué es lo que te gustaría o lo que esperas.
- No me gusta que le jales la cola al gato. Espero bondad hacia los animales. ¡Y puedes empezar ahora mismo!
- No me gusta ver que todas las papas terminan en el plato de una sola persona. Espero que todos se aseguren de que cada quien obtenga su parte.
- No me gusta tener que estar haciendo la búsqueda de las tijeras. Espero que quien las tomó, las regrese al mismo lugar donde las encontró.

Usa palabras rebuscadas.
Considera la sugerencia del doctor Ginott de usar tu enojo para incrementar el vocabulario de tus hijos. Ganarás alivio emocional y tu hijo tendrá más oportunidades de salir bien en sus exámenes para la universidad. El idioma es rico en palabras que describen la variedad de sentimientos, que van desde la irritación media hasta la ira más feroz. "¡Me siento molesta, irritada, exasperada, furiosa, iracunda, colérica, irascible, totalmente consternada!"

El doctor Ginott cuenta que en una sesión le dijo a un niño que se portaba muy mal: "Me siento cáustico".

—No sé lo que eso significa, ¡pero es mejor que huya de aquí!

Olvídate de permanecer calmado.
Describe el problema y siéntete libre de rugir.
- ¡Hay tres personas que están todavía esperando para entrar al baño!
- ¡Está helando aquí dentro! ¡Alguien dejó la puerta abierta!

- Acabo de limpiar el piso de la cocina, y ya está lleno de pisadas de lodo.

Establece la regla. Plantea alternativas.
Si es necesario, actúa.

Billy, de seis años de edad, está sentado a la mesa, jugando con la comida.

PADRE: Billy la comida no es para jugar.

Billy se mete un gran bocado, lo escupe y ríe.

PADRE: ¡No se escupe la comida! ¡Molesta a tu madre y a mí me hace enojar!

Billy está sorprendido, pero después de unos momentos hace muecas, saca la punta de la lengua y escupe de nuevo.

PADRE: Billy, tienes dos opciones:

1. Si no estás de ánimo para comportarte debidamente, puedes levantarte e ir a jugar a tu habitación.
2. Si aún tienes hambre, te puedes quedar a comer, pero sin escupir.

Tú me dices cuál es tu decisión.

BILLY: Quedarme.

Segundos después Billy ríe, toma un pedazo de pan y lo escupe en el rostro de su padre.

PADRE: *(tomando con firmeza al chico y llevándolo a su ha-*
           bitación) Esto es divertido para ti, pero no para mí.
           Por lo visto no tienes tanta hambre esta noche.

Cuidado con la palabra "tú".
Cuando estamos enojados, las hormonas del estrés fluyen por nuestros cuerpos. Experimentamos una urgente necesidad de atacar. La primera palabra que brota de nuestros labios es "tú".

—¿Qué pasa contigo?

—¡Mira lo que (tú) hiciste!

—¡(Tú) lo hiciste de nuevo!

—Tú nunca…

—Tú siempre…

La acusación "tú" hiere como un cuchillo. En lugar de pensar lo que está mal y cómo corregirlo, el niño se enfoca en la autodefensa y en el contraataque: "No, yo no", "No fui yo", "Fue porque tú", "Me culpas de todo", "Eres malo", "¡Te odio!".

De ser posible, sustituye el "tú" con un "yo".
Es mejor descargar nuestros sentimientos y llegar a nuestros hijos si empleamos un "yo" y dejamos claro qué sentimos o necesitamos. Ponte en los zapatos de tu hijo.

Señala qué frase sería mejor:

a) ¡Eres como la peste!

b) Necesito descansar.

a) Eres malo.

b) Estoy enojado.

a) ¡Eres tan grosero! Siempre interrumpes.
b) Me molesta mucho cuando me interrumpen. Pierdo el hilo de mis pensamientos.

a) ¡Eres un desconsiderado!
b) Cuando llego a la casa después de un largo día y encuentro unos zapatos de deporte sobre la mesa, un fregadero lleno de platos sucios y migajas por todo el piso, ¡me siento tan desalentado! ¡Ni ganas me dan de hacer la cena!

Seguro que marcaste la letra b en cada caso. Cuando no somos atacados en forma personal, usualmente respondemos de manera más cooperativa a los sentimientos y necesidades del otro.

"Puedes ser un poco más amable de como te sientes en realidad, pero no mucho."
Estas palabras del doctor Ginott hace tiempo me atraparon. La mayoría de nosotros estamos decididos a ser padres amorosos y pacientes. Cuando surgen los sentimientos negativos, los alejamos y enterramos. Gran error.

Yo (Adele) sigo recordando una ocasión en la que estaba sentada afuera en una cálida tarde de verano, leyendo una revista, descansando finalmente y disfrutando un momento de paz después de haber limpiado la casa. De pronto mi hijo de cinco años llega corriendo, se sube a mi regazo y lleno de entusiasmo anuncia: "Te amo mami".

¡Qué ternura! ¡Y qué molestia! "¡Y mami te ama!" Me recompuse mientras él cambiaba de posición, aventaba mi revista y jalaba mi cabello. Esto siguió así por unos minutos y después me escuché a mí misma decir: "¡Bájate!", echándolo al piso.

Bastó una sola mirada a su carita desconcertada para que me sintiera culpable y enferma. ¿Qué estaba mal conmigo? ¿Qué clase de madre monstruosa era? Entonces recordé: "Puedes ser un poco más amable de como te sientes en realidad, pero no mucho". Tenía que protegerme a mí misma y a mi hijo de mis sentimientos oscuros.

Unos momentos más tarde volvió a suceder. Esta vez sí estaba preparada. Tan pronto como se arrellanó en mi regazo y declaró su amor, le dije: "Soy una mamá muy afortunada", y lo bajé con firmeza.

—Pero mami —protestó—. ¡Te amo!

—Me hace muy feliz oírtelo decir. Ahora necesito un poco de tranquilidad para leer.

—Pero mami…

—Mira, tengo una idea. Puedes demostrarme tus sentimientos con un dibujo… o con una canción.

—No, no quiero dibujar —dijo—, y se fue a jugar con su hermana.

Todos rieron en el grupo y todos tenían una historia que contar sobre reconocer los sentimientos y explorar pocos instantes después. El reto fue sintonizarnos con el tremendo poder de nuestros sentimientos de ira de modo que pudiéramos proteger a nuestros hijos de ellos.

He aquí una narración de otra madre que cuenta lo que sucedió cuando trató de emplear su aprendizaje.

Enséñame cómo hacer berrinche.
Crecí en una familia abusiva. Por eso estaba determinada a no hacer lo mismo con mis hijos. De todas maneras, una mañana me desperté de pésimo humor. Llamé a mis hijos y les dije que estaba de mal humor, que no tenía nada que ver con ellos, que simplemente tenía ganas de gritarles a todos y de culparlos por todo, que no era culpa de nadie, pero que era buena idea que se mantuvieran alejados, así nadie saldría herido.

Ambos me miraron con grandes ojos y desaparecieron. Eso ayudó en algo, pero yo seguía hirviendo por dentro. Un minuto después Josh, mi hijo de cinco años, llegó para algo. Lo detuve y le pregunté:

—Josh, ¿sabes cómo hacer un berrinche?

—Claro —respondió.

—Le dije: "Enséñame a hacer un berrinche".

Se tiró al piso y pateó y gritó. Me tiré junto a él, y gritamos juntos. Megan, mi hija de siete años, entró en mi habitación y preguntó:

—¿Qué está sucediendo aquí?

Josh se detuvo un instante y dijo:

—Le enseño a mamá a hacer berrinche.

Megan dijo: "Oh", y se tiró junto a nosotros, y todos gritamos y pataleamos juntos. Seguramente pueden adivinar cómo terminó la cosa. Así es. Al finalizar, todos reíamos y nos sentíamos mucho mejor.

¿Y si de todas formas explotamos?

Sí. Puede suceder. Incluso les ocurre a los más amorosos y determinados. No importa qué tanto lo planeemos, qué tanto nos importe o qué tan hábiles seamos, las presiones y tensiones de la vida pueden hacer que de pronto explotemos llegando a decir o hacer cosas que normalmente nos horrorizarían.

¿Así que cuáles son nuestras opciones? Debemos torturarnos con nuestros errores o debemos decir: "Culpa, ¡desaparece!". Ya entendí. Ahora tengo que pensar en las razones por las que exploto. ¿Hay algo que pueda hacer para evitarlo? ¿Hay algo que pueda hacer para corregir lo que sucedió? ¿Cómo vuelvo a tener la relación que deseo?

La experiencia de una abuela.

A veces una simple conversación es todo lo que necesitamos. He aquí lo que nos dijo una abuela:

Mi nieto de seis años es autista. Me encanta visitarlo y jugar con él, pero la última vez que fui, de pronto trepó por detrás del sofá y comenzó a brincar en la orilla. Justo detrás de él había una ventana semiabierta. Tuve tanto miedo que le grité que se bajara. Siguió brincando así que lo jalé y lo detuve hasta que llegó su mamá.

Desde entonces se rehúsa a hablar conmigo. Cuando me ve, huye.

La semana pasada decidí volver a intentarlo. Le dije (hablándole por detrás porque no me quiere ver):

—He estado pensando en lo que pasó la otra vez, y me siento mal por ello. Quiero que seamos amigos de nuevo.

Se giró y dijo:

—Yo también.

Y eso fue todo. Volvimos a nuestra relación normal.

La explosión de una mamá y de vuelta a la normalidad.
El siguiente ejemplo viene de un intercambio de correos electrónicos con una mamá en apuros que asistía a los talleres de "Cómo hablar a los hijos y que éstos escuchen". He aquí algunos extractos de nuestra correspondencia.

Mi amiga y yo decidimos darles a los niños una sorpresa este verano. Cargamos el auto, todos con los cinturones de seguridad, y arrancamos hacia una granja local para recoger duraznos. A los diez minutos del viaje, mi hijo mayor, de siete años, comenzó a molestar a sus hermanos menores en el asiento trasero. Uno de ellos comenzó a llorar, el otro a gritar.

¿Qué hago? Lo llamé un par de veces. Me ignoraba. Le dije que gritar en el coche hacía que fuera peligroso manejar. Otra vez, me ignoró. Les dije a los pequeños: "Si no les gusta lo que hace, díganle que pare". Los ignoró también. Todos estábamos cada vez más enojados.

Por dentro me sentía hervir. Pensaba: "¿Qué hago ahora? Estamos en esta autopista, no me puedo detener. Está tratando a todos mal; no va a parar. ¿Debería orillarme en la carretera? ¿Será seguro? Me siento perdida".

Finalmente llegamos a la granja. Lo llevé aparte y le expresé toda mi rabia en palabras que no me atrevo a repetir en un correo. De alguna forma le hice saber que esperaba que el resto de la tarde se comportara en una forma totalmente diferente. Las cosas mejoraron, pero quisiera retroalimentación. ¿Tienes alguna idea o guía para mí? Apreciaría mucho cualquier cosa que me puedas sugerir.

Mi respuesta.

¡Ah! Son experiencias como estas las que evitan que nos volvamos engreídos. A veces nos encontramos en situaciones miserables donde no hay ninguna buena respuesta. Pero lo hermoso de esto es que generalmente podemos idear algo para evitar que suceda nuevamente. He aquí una posibilidad que podría ser útil.

Encuentra el momento adecuado para acercarte a tu hijo y dile: "Necesito hablar contigo sobre la última vez que fuimos a recolectar duraznos. Sabes bien lo que sucedió y sabes bien cuán molesta y asustada estaba yo. Sentía como si la vida de todos en el auto estuviera en riesgo y no había forma de que me detuviera. No quiero volver a pasar por una situación así, de modo que éstas son las alternativas que he pensado:

1. Te dejo en casa con una niñera.

2. Me das, por escrito, una lista de ideas que tú quieras emprender para lograr que todos estemos serenos y felices

en nuestro próximo viaje. Piénsalo y hazme saber qué has decidido".

Puede ser que tu hijo aún no esté listo para considerar las opciones que le ofreces, y que necesite primero ventilar algunos de los sentimientos hostiles que alberga respecto de sus hermanos, y quizás eso sea lo que realmente tenga que suceder entre ustedes. Sólo lo sabrás si sacas a colación el tema.

Me gustaría saber qué camino decides emprender.

Su respuesta.
Estuve dándole vueltas a tu brillante consejo durante algunos días. ¡Gracias!

Me tomó tiempo encontrar el momento preciso para hablar, pero inicié la conversación exactamente con tus propias palabras. Resultó que tu corazonada era cierta. Las primeras palabras que salieron de su boca fueron sobre su lugar en el auto (entre el asiento y una bocina); estaba muy apretado, y se sentía sumamente incómodo, de tal forma que tenía que empujar a los demás niños. Considerando esta nueva información, hablamos sobre ideas respecto a qué hacer cuando no nos sentimos cómodos y cómo mantenernos serenos durante un viaje largo.

Hasta ahora todo va bien. Pero más allá de resultados específicos, mi hijo se sintió comprendido. Ahora sabe que su madre desea darle el tiempo necesario para encontrar juntos soluciones. ¡Fue realmente un maravilloso sentimiento para ambos!

Cuando me encontré con otros padres en el taller de "Cómo hablar...", les describí mi problema y cité la primera parte de la respuesta de tu correo electrónico: "A veces nos encontramos en situaciones miserables donde no hay ninguna buena respuesta. Pero lo hermoso de esto es que generalmente podemos idear algo para evitar que suceda nuevamente".

Si tan sólo pudiera expresar cuán profundas y reconfortantes fueron tus palabras para mí y para otros padres en el grupo… Incluso si explotamos, hay maneras de arreglar las cosas.

Parte 2

Preguntas y respuestas

Los padres preguntan

Cuando damos un taller sobre habilidades de comunicación para padres, en un momento dado nos detenemos y pedimos a los participantes que nos digan qué está pasando por sus cabezas. Después de un segundo de silencio, las manos se alzan por todas partes. La gran cantidad de comentarios, preguntas y preocupaciones urgentes nos recuerdan qué tan abrumador puede ser el reto de criar hijos, y cómo, a pesar de cuanto hemos abarcado en nuestra charla, siempre hay más, mucho más, que requiere ser explorado. Con la esperanza de que algunas de las preocupaciones externadas por nuestros participantes sean también tus preocupaciones, nos gustaría compartir contigo algunas de las preguntas que más frecuentemente nos hacen, junto con las respuestas correspondientes.

¿Qué hago con mi hija de dos años? Su palabra favorita es "¡No!" Simplemente lograr ponerle los calcetines cada mañana es una batalla extenuante.

No hay poder humano para luchar con un niño de dos años. Dado que no puedes cambiar su forma de pensar, considera cambiar el modo. Busca la "parte jocosa". Usa otra voz o acento. Ponte el calcetín en la mano como títere y di algo como: "¡No, no! ¡No me pongas en esos pies apestosos!

Haz como que retas al calcetín mientras se lo pones. Insiste en que es su trabajo mantener los pies de la niña calientitos. Sigue haciendo una comedia con el resto de su ropa.

No lo dudes. Cualquier cosa que sea boba, divertida, sorprendente o cómica tiene el poder de derretir su resistencia y la invita a la cooperación. Esto vale igual para chicos y grandes.

• • •

¿Por qué un niño al que nunca se le ha pegado de pronto comienza a pegarle a su madre? La primera vez que mi hijo lo hizo estábamos jugando. Yo grité: "¡Ouch! ¿Por qué lo hiciste?". Él lloró y lo hizo de nuevo.

Los niños pegan. Les pegan a sus padres, a sus hermanos, a sus compañeros. Cuando son pequeños (dos o tres años), se sienten confundidos y molestos si te quejas o protestas. Frecuentemente lloran (¿por qué mamá me está gritando?). Hasta que tienen aproximadamente siete años desarrollan la habilidad de ponerse en los zapatos del otro y de imaginar lo que otra persona puede sentir. Mientras tanto, tu trabajo es repetir hasta el cansancio todas las variaciones de: "No pegues", "Eso no se hace", "No voy a permitir que me pegues", "Dime qué es lo que quieres con palabras". Asegúrate de sugerir palabras alternativas: "Me puedes decir: ¡detente! ¡Me duele cuando me jalas el cabello mientras me cepillas! ¡Lo quiero hacer yo mismo!".

Un padre orgulloso nos refirió cómo vio a su pequeño de cuatro años que estaba a punto de pegarle a su hermana menor, detenerse y repentinamente decir: "¡Palabras!". Para él fue un síntoma de un enorme progreso.

• • •

Mi hija ha estado muy llorona últimamente y me estoy volviendo loca. ¿Cómo puedo hacer que pare?

Antes de que trates de detener los lloriqueos, vale la pena que pienses qué es lo que los está causando. ¿El llanto es un síntoma de cansancio, hambre, celos, frustración, enojo? Una vez que hayas aislado la causa, puedes enfrentar el sentimiento reconociéndolo de forma respetuosa: "Escucho claramente que estás muy decepcionada porque no te compro hoy patines nuevos. Deja que lo anote en la lista de tus deseos".

Suena sencillo ¿verdad? No lo es. El sonido del lloriqueo caprichoso de un niño puede ser una tortura y puede llevar a los padres más pacientes al límite.

"¡Para! ¿Por qué no hablas como una persona normal? ¡Eres una quejumbrosa!"

Pero etiquetar de esa forma a la niña únicamente reforzará su actitud caprichosa. Por el contrario, queremos alentar a nuestros hijos a satisfacer sus necesidades en formas más proactivas y positivas. Por ejemplo, si tu hija persiste en lloriquear, le puedes decir: "Lisa, me es muy difícil escucharte cuando tienes ese tono de voz. ¿Podrías por favor pedirme lo que quieres con un tono agradable? Eso hará que pueda escucharte mejor y entonces pueda considerar lo que quieres".

● ● ●

Mi hijo hace berrinches hasta por la más mínima cosa. Por ejemplo, cuando es hora de volver del parque de juegos, generalmente lo saco pateando y gritando. ¿Cómo hago para que no haga berrinches?

Un berrinche es la respuesta de un niño ante emociones poderosas que lo abruman de forma temporal. Cuando tu hijo debe dejar una actividad que le gusta, protesta por la "injusticia" con todo su ser, pateando, gritando y llorando. He aquí dos formas de ayudar:

1. Hazle saber con mucha anticipación cuáles son tus intenciones. Esto le da el tiempo de hacerse a la idea de que va a tener

que dejar de jugar para ir a casa. Por ejemplo: "Jimmy, dentro de diez minutos nos vamos".

Y nuevamente cinco minutos más tarde: "Te estás divirtiendo mucho en el tobogán. Lástima que en un rato más nos tenemos que ir. ¿Quieres lanzarte una vez más o dos?"

2. También puedes darle a tu hijo en la fantasía lo que no le puedes dar en la realidad: "Jimmy, veo que si fuera por ti, te lanzarías diez veces más del tobogán. Tal vez hasta cien. ¡Seguro que no quieres que nos vayamos ya a casa!". Expresando sus deseos en fantasía le ayudas a que sea más fácil para él enfrentar la realidad.

Una mujer nos dijo que recientemente adoptó una niña de cuatro años llamada Emily, quien hace berrinches constantemente, a veces duran más de una hora. Parece que la madre natural de Emily murió seis meses antes y desde entonces no ha tenido un cuidado consistente. Su madre adoptiva dijo:

He tratado de expresar lo que pienso que Emily siente cuando hace berrinches, pero sobre todo he tratado de demostrarle que comprendo sus sentimientos antes del berrinche: "Oh Emily!, eso debe de ser muy frustrante!". O bien: "Debes estar molesta". Es como si no me oyera. Pero la semana pasada ocurrió un milagro. Se nos presentaron las circunstancias para una explosión mayúscula. Habían invitado a jugar a Emily con una niña que conoció en la guardería, pero mi hermana (ella la llevó) no pudo encontrar la casa de la niña, se rindió y llevó a Emily de vuelta a casa. Bastó ver su cara (anunciaba tormenta) y dije:

—¡Oh no! Debes estar tan decepcionada. ¡Querías ir a casa de Sara hoy!

Emily asintió y dijo:

—Estoy muy triste. ¿Podemos ir al parque?

Estaba sorprendida por su respuesta y me sentí terriblemente mal, porque la tenía que desilusionar nuevamente. Pensé: "Este nuevo rechazo la va a llevar al límite". Me arrodillé, la abracé y dije:

—Emily, me gustaría con todo el corazón que pudiéramos ir ahora al parque. El problema es que no podemos. Tengo que ir al dentista.

Su labio inferior comenzó a temblar. Pensé: "Cielos, ahí viene". Pero no. Dio un profundo respiro y dijo:

—¿Puedo ir contigo?

—¡Desde luego! —respondí—. Y mañana pido las indicaciones para llevarte a casa de Sara yo misma.

Emily esbozó una enorme sonrisa.

Esa noche le dije a mi esposo cuán aliviada y feliz me sentía de que Emily no hubiera hecho berrinches. Él me dijo:

—Tal vez está creciendo.

"Sí, y tal vez yo la estoy ayudando", pensé para mí.

● ● ●

Vi cómo mi hijo rompía un florero en la sala y negó haberlo hecho. ¿Cuál es la mejor manera de manejar las mentiras?

Una mentira generalmente representa un deseo o un temor. Tu hijo deseaba no haber roto el jarrón y temía tu reacción. Es una buena idea trabajar con el deseo o con el miedo en lugar de enfocarnos en la mentira. Observa la diferencia entre estos dos escenarios:

MADRE: ¿Quién rompió el jarrón? ¿Fuiste tú?
HIJO: No, yo no fui.

MADRE: ¿Seguro? No me mientas.
HIJO: Te juro que yo no fui.
MADRE: Pequeño mentiroso. Te vi romperlo y ahora tendrás tu castigo.

En lugar de tratar de atrapar al niño en la mentira, sería mejor confrontarlo con la verdad:

MADRE: Vi que aventaste la pelota y rompiste el jarrón.
HIJO: No, te juro que yo no fui.
MADRE: Estoy segura que te gustaría que no hubiera pasado. Danny, estoy molesta. Espero que seas capaz de decirte que *no* la próxima vez que tengas la tentación de jugar pelota en la sala. ¿Ahora cómo limpiamos este reguero?
HIJO: Voy por la escoba.

Al no etiquetarlo como mentiroso y, en cambio, al aceptar sus sentimientos y compartir los nuestros, lo hacemos sentirse seguro para decir la verdad.

• • •

¿Qué puedo hacer con un niño que no se quiere estar sentado en el coche? ¿Cómo hago que se comporte?

Cuando te preguntas a ti mismo: "Cómo hago yo para que este niño haga algo?", estás yendo en la dirección equivocada. Una pregunta más útil sería: "¿Cómo motivo a mi hijo para que sea más participativo en la resolución del problema?".

Un padre nos dijo que había estado enojado con el comportamiento "hiper" de su hijo en el auto a pesar de las repetidas advertencias al niño de que se estuviera quieto. Para cuando llegaron a casa, el padre estaba furioso. Estaba listo para castigarlo enviándolo a su cuarto, quitándole sus privilegios de televisión o sus permisos, o ambos. En lugar de ello decidió involucrar a su hijo para encontrar juntos una solución. Dijo: "Michael, no me gustó lo que pasó hoy en el auto. Cuando brincabas de aquí para allá en el asiento trasero, tu cabeza obstruía mi visión y por poco no alcancé a ver un camión que estaba detrás de nosotros. Eso fue peligroso. Por la seguridad de la familia, necesito que pienses tres cosas que tú puedas hacer en el auto que te ayuden a estarte quieto".

Para la sorpresa del padre, Michael dijo que quería pensar en diez cosas. El padre escribió las ideas de Michael y puso la lista en el tablero del auto. He aquí la lista hecha por Michael:

1. Mirar coches y autos.
2. Cantar canciones en voz baja.
3. Jugar juegos con papá, como el juego del "ABC" (encontrar letras del alfabeto en letreros que vean sobre el camino).
4. Pensar.
5. Masticar goma de mascar o comer uvas.
6. Contar todas las cosas dentro del auto.
7. Dormir.
8. Colorear.
9. Ver personas a través de la ventana.
10. Leer libros.

El padre dijo que Michael estaba muy orgulloso de sí mismo, pero lo mejor fue ver al niño leyendo la lista y aplicando sus propias ideas.

● ● ●

Soy una madre proveniente de China. Ahora mi cosa más molesta es que mi hijo no puede mantener una promesa. Siempre me promete que estudiará media hora después, o una hora después de jugar, pero cuando llega la hora, siempre encuentra excusas: dolor de cabeza, cansado, necesita dormir… para evitar aprender. Yo enojada con él muchas veces, finalmente él me dijo: "¿Qué me puedes hacer? Yo no estudiar más".

Tiene trece años. No sé qué hacer. Trato de explicar mi rara situación con mi mal español. Espero sus instrucciones. ¿Qué hago?

Considera tomar la ruta de solución del problema. Es difícil obtener cooperación de un niño sin primero comprender sus sentimientos. Si no te preocupas por cómo se siente él, ¿por qué le debería importar si te molestas cuando no hace la tarea?

Puedes comenzar diciendo: "Cuando llegas a la casa después de un largo día de escuela, la última cosa que quieres hacer es sentarte a hacer más trabajo escolar. Prefieres hacer cualquier otra cosa, como jugar afuera, escuchar música, ver televisión, comer o simplemente relajarte y no hacer nada. La tarea puede ser una piedra en el zapato. Quisiera que no hubiera tarea. ¡Tal vez la deberían de abolir!" Deja que él hable acerca de lo que no le gusta de tener que hacer tarea. ¿Cuál es la tarea más pesada para él? ¿Matemáticas? ¿Escritura? Considera que el trabajo puede ser difícil o frustrante para él. Puede haber una buena razón por la que evita hacer tarea. Tal vez siente que su maestra es mala con él.

Después de dedicar mucho tiempo a hablar acerca de cuán miserable puede ser el hecho de tener que hacer tarea, finalmente puedes decir: "Necesitamos ideas. Tu maestra no estará contenta si tú no haces la tarea. Necesitamos encontrar la mejor forma de que la hagas".

Entonces tomas papel y lápiz y escriben todas las ideas que puedan pensar entre ambos. He aquí algunas cosas con las que pueden empezar:

- ¿Es más fácil hacerla inmediatamente, o jugar y comer primero?
- Qué tal si juegas primero, y luego, mientras yo hago la cena te sientas a hacer tarea, así estaremos trabajando juntos en la cocina?
- ¿Te ayudaría escuchar música mientras haces tarea?
- ¿Te gustaría tomar un pequeño refrigerio mientras la haces o tal vez en cuanto hayas terminado de hacerla?
- ¿Cuánto tiempo crees que te debe llevar hacerla? (algunos niños ven la tarea como algo eterno, y establecer un límite puede ser excelente para ayudarlos.) ¿Qué tal si pones un horario tú mismo? Si en verdad te dedicas, la tarea estará lista para cuando el tiempo termine. (Muchos niños se esfuerzan por terminar antes del tiempo establecido: esto alienta su progreso.)

Incluye cada idea que él te dé, incluso si parece tonta ("Hay que quemar la tarea"). Una vez que hayan escrito todas las ideas, él podrá escoger aquellas que a ambos les parezcan aceptables. Hacer que tu hijo aporte sus propias ideas es muy diferente de hacer que te prometa obedecerte. (Ten en cuenta que él puede necesitar el consuelo de saber que sus quejas respecto de la tarea son aceptadas).

¿Por qué es diferente este enfoque de hacer simplemente que él prometa algo? Porque escuchaste sus sentimientos primero. Estás de su lado, en lugar de estar del lado de la maestra, en contra de él. Y dado que él participó para encontrar una solución, tendrá más motivación para hacer que funcione. Le darás a tu hijo dos regalos: entendimiento y control sobre su vida.

• • •

¿Qué se puede hacer respecto de los pleitos entre los niños?

Escribimos todo un libro para responder esta pregunta, llamado *Hermanos sin rivalidad*. Una de nuestras principales recomendaciones es involucrar a los niños para que encuentren soluciones a sus problemas en lugar de imponer una solución. Un padre nos dijo:

> Mis dos hijas (de cinco y ocho años) peleaban para ver quién de ellas se sentaría en el asiento delantero del auto de papá. Yo les dije: "Paren: hoy Annie puede ir adelante y mañana Katie. Y si no les gusta esta idea, aquí hay otra: Annie se puede sentar en el camino de ida a la tienda, y Katie de vuelta a casa".
>
> Ninguna de mis sugerencias les gustó (aunque yo pensé que eran buenas) y siguieron peleando. De pronto recordé que las tenía que tomar en cuenta. Dije: "Es un problema difícil. Pero confío en ustedes. Probablemente se les pueda ocurrir una solución que les parezca justa a ambas".
>
> Salieron con una idea bizarra. Dado que Katie tenía ocho años (un número par) y Annie cinco (número non) decidieron que dividirían los días del mes en pares y nones. En los días nones, Annie, de cinco años, se sentaría adelante; en los números pares, Katie, de ocho, tendría su turno de ir adelante. Esto funcionó perfecto. Ni siquiera tuve que recordárselos.

Incluso en niños pequeños puede funcionar para solucionar conflictos. Una madre nos escribió para contarnos:

> Tengo una historia de éxito que contarles usando las ideas de sus libros con niñas de cuatro y dos años y medio.
>
> Mi hija Shari (dos y medio) había invitado a Molly (de cuatro) a pasar la tarde en casa. Estaban algo irritables, y en

poco tiempo su juego se hizo estridente y se acercó a la etapa de "jalones y empujones". Parecía que ambas querían ver un video diferente.

Estaba yo muy cansada, así que decidí recitar de memoria el guión: "Me doy cuenta que ambas están muy molestas. Cada una quiere ver su video favorito y es difícil saber qué hacer. Ustedes han sido amigas por mucho tiempo y estoy segura de que pueden encontrar una solución que les plazca a ambas".

Salí de la habitación. Un minuto más tarde Molly y Shari llegaron a la cocina ¡Tomadas de la mano!: "Decidimos que primero vamos a ver la parte final del video de Molly y luego el principio del de Shari".

¡Estaba orgullosa de ellas. Y también de mí misma!

• • •

¿Qué opinan de darles a los niños "tiempo fuera?

Cuando no estemos seguros sobre qué método particular usar con un niño, conviene que nos preguntemos: "¿Me gustaría usar este método conmigo mismo en mis relaciones más importantes?".

Supón por ejemplo que giré un cheque sin fondos de la cuenta, y eso causó que mi esposo recibiera una llamada incómoda de parte del banco. Y hora supón que cuando llega a casa del trabajo me dice en tono serio: "Fue suficiente. Ya estoy cansado. Tiempo fuera. Quiero que te vayas a tu habitación y pienses en lo que hiciste".

¿Cómo me sentiría con sus palabras? Me sentiría que me está castigando o excomulgando. Pensaría: "Debo de ser una persona horrible a la que es necesario alejar". O bien podría ponerme a la defensiva y contraatacar con algo como: "No me había dado cuenta de que últimamente eras el Señor Perfección. Dejaste el coche sin gasolina la semana pasada", y así comenzaría la pelea.

Sin embargo, si él se toma un "tiempo fuera" diciendo algo como: "Estoy muy molesto por el cheque que rebotó. De momento necesito enfriarme".

Probablemente me sentiría apenada. Más tarde le diría que siento haber causado una situación embarazosa y me aseguraría de que no vuelva a ocurrir una situación así de nuevo.

Por tanto, recomendamos a los padres que cuando piensen en dar un "tiempo fuera" a sus hijos, sean ellos quienes se tomen ese "tiempo fuera".

Una madre nos contó que en una ocasión dijo a sus hijos adolescentes que discutían: "Estoy tan enojada que me duele el estómago. No puedo seguir oyendo estos gritos. Es un día hermoso y me voy a dar un paseo".

Esta madre también dijo que piensa que el "tiempo fuera" es un regalo que ella se da a sí misma, en lugar de una medida disciplinaria para los hijos.

Un padre nos informó que había hecho progresos con las nalgadas usando "tiempos fuera" para expresar sus sentimientos intensos con pocas palabras. Encontró que decir con voz firme: "¡No me gusta lo que veo!" o "Niños, esto es lo que espero…" con frecuencia ayuda a que mejoren su comportamiento.

● ● ●

La siguiente pregunta nosotros la hacemos a los padres. Sabemos que las notas pueden ser un poderoso medio de comunicación y cuando damos talleres les preguntamos: "¿Cómo usan las notas?".

Dos padres nos dijeron que escriben notas como un método de manejar sus propios sentimientos de enojo. He aquí sus historias:

Tengo siete hijos, que van desde los siete hasta los dieciocho años –cuatro niñas y tres niños–. Estoy cansado de hablar y ellos están cansados de escuchar, así que les escribo muchas notas. Un día, después de dejarlos en la escuela, revisé sus habitaciones. La habitación de las niñas estaba sucia –ropa sucia, ropa interior, comida, etc.–. Estaba furiosa. Tomé una hoja de papel y un marcador negro y comencé a escribirles una carta describiendo lo que veía (un chiquero), lo que pensaba de ellas (que eran una puercas) y lo que esperaba de ellas cuando volvieran a casa (una habitación limpia). Luego colgué la carta –hojas y hojas de papel colgadas en las cortinas–. Conforme pasaba el día volví al área de desastre y releí la carta. Cada vez que lo hacía descolgaba las hojas y volvía a escribir mis expectativas y sentimientos en papel en blanco en una forma más civilizada. Mi carta final era de hecho amigable. Todo el proceso me hizo sentir mejor. Plasmar mi frustración por escrito me dio la posibilidad de explotar y luego elegir mis palabras. Me di el tiempo para cambiar de atacar a mis hijas a atacar el problema.

El siguiente ejemplo es de una madre soltera:

Situación:
La sala estaba hecha un desastre –superior a la habilidad de Jeremy, mi hijo de seis años, de organizar y limpiar–. Era tarde, estaba cansada, y tengo la tendencia a enojarme mucho cuando tengo que repetir las cosas una y otra vez, y no quería estar supervisando la limpieza.

Solución:
En una hoja de papel grande enlisté cada una de las tareas numeradas con un color diferente. También hice un pequeño dibujo.

1. Cubos

2. Muñecos (monos, robots, títeres)

3. Legos

4. Crayones

5. Libros

Jeremy estudió mi nota, sonrió y se puso a trabajar. No solamente terminó el trabajo, sino que lo hizo en modo admirable:

1. Mi hijo está orgulloso de haber limpiado toda la sala él solo.
2. Su sentimiento de importancia conforme "tachaba" cada una de las tareas ("Mami, el uno y el tres ya están listos").
3. La imagen de sí mismo como "un niño grande que lee notas".
4. Su descubrimiento de que *un gran trabajo* se forma a partir de pequeños trabajos.

Podrías pensar que no puedes escribir una nota para niños muy pequeños, y sin embargo tenemos padres que lo han intentado con éxito:

Mi hijo de dos años olvidaba tapar la bacinica después de usarla. Su hermanito pequeño estaba lo suficientemente grande para gatear, trepar y salpicarse, pero no tan grande como para levantar la tapa. Pegué una nota dentro de la tapa de la bacinica. Decía: "Por favor cierra la tapa después de usar el baño".

El mayor no sabía leer, pero me llevó la nota para que se la leyera, luego la volví a pegar en la tapa. Estaba fascinado de que le hubiera escrito una nota y desde ese momento siempre recordó bajar la tapa.

• • •

No me gusta usar la televisión como niñera, pero cuando estoy preparando la cena, no me gusta que los niños estén retozando o peleando entre ellos. ¿Sugerencias?

Una madre que conocemos solucionó el problema de exceso de televisión, haciendo que la hora de preparar la cena se convirtiera en la hora de los cuentos para toda la familia. Les dijo a sus hijos que le gustaría que le contaran cuentos mientras ella preparaba la cena y les pidió que le llevaran sus libros favoritos a la cocina para que leyeran en voz alta mientras ella trabajaba. A los niños les encantó la idea. Se esmeraban en seleccionar las historias que leerían y apreciaban lo que el otro leía también. La madre descubrió, además, otros beneficios: los niños veían menos televisión; se hicieron mejores lectores; su vocabulario aumentó; peleaban menos entre ellos. Lo mejor de todo, que el buen humor continuaba durante la hora de la cena y las historias alimentaban la charla entre la familia.

• • •

¿Existe alguna manera de ayudar a los niños a vencer su miedo a los monstruos? He tratado de decirle a mi hija que no existen, pero sigue teniendo miedo.

A través de los años muchos padres nos han compartido una gran variedad de formas para combatir a los monstruos. Algunos les han enseñado palabras mágicas para alejar a los monstruos; otros han puesto carteles en la puerta de la habitación de los niños: "Prohibido el paso a monstruos", y hay quienes les compran a sus hijos algún muñeco especial, "un buen compañero", que los cuida y protege durante la noche. Incluso un padre preparó una "poción mágica" (vinagre con pasta de dientes) y la puso en una vasija cerca de la ventana para alejar a los monstruos.

En las siguientes historias verás cómo algunos padres invitaron a sus hijos a participar en la búsqueda de soluciones. Te darás cuenta que las soluciones funcionaron principalmente porque los padres aceptaron la percepción de sus hijos y los niños participaron dando sus propias respuestas:

Mi hijo de cuatro años, Jesse, sufría de frecuentes terrores nocturnos. Se ponía a gritar y era imposible calmarlo. Finalmente le preguntamos qué pensaba que era necesario hacer para mantener lejos a los monstruos. Jesse dijo que tal vez hacer una pared podría hacer que no se acercaran. Mi esposo le preguntó si era posible que la hiciéramos sin madera o ladrillos de verdad. Jesse dijo:

—¡Claro! Construiremos una pared imaginaria que sólo puedan ver los monstruos... y la pintaremos de color café, porque los monstruos odian ese color.

Pasamos mucho tiempo construyendo la pared imaginaria en torno a la cama de Jesse. Después de una hora de estar construyéndola, Jesse dijo:

—Ahora necesitamos un *rugido*, de modo que cuando los monstruos toquen la pared. Ésta *ruja* y los espante.

Jesse corrió a la alacena y volvió con un frasco vacío:

—¿Para qué es? —preguntamos.

—Contiene *rugido* —y vertió el *rugido* imaginario en la pared imaginaria y puso el frasco cerca de su cama para "poder poner más en los puntos que necesiten más *rugido*".

Jesse eligió la solución, participó en la experiencia, y como resultado los monstruos se alejaron.

A los dos años y medio, Michael comenzó a experimentar mucho estrés por la llegada de un nuevo bebé, y comenzó a tener pesadillas de terribles monstruos que vivían en todos los rincones de su habitación. Después de unas semanas de intentar todo sin ningún éxito, le pregunté a Michael qué pensaba que se debía hacer. Él dijo: "Barrerlos". Tomé la escoba y barrí todos los rincones de su habitación sacando a los monstruos al pasillo, y dijo: "Adiós y no vuelvan".

Después de algunos días Michael decidió que quería confrontar a los monstruos. Para resolver el tema de un pequeño de dos años y medio blandiendo una escoba, le sugerí que usara la aspiradora de polvo. Michael estuvo de acuerdo. Durante una semana Michael aspiró los monstruos de su habitación y desde entonces ya no hay más monstruos.

Alrededor de los tres años, mi hijo tuvo su primera pesadilla y las noches siguientes tenía miedo de ir a dormir. Me acosté a su lado y le pregunté qué podríamos hacer para que su habitación fuera segura. Para mi sorpresa él respondió:

—El polvo naranja la mantendrá segura.

—¿En verdad? —pregunté.

—Necesitamos lavar los colores de la habitación —dijo.

Como sé que le gusta pintar y dibujar le pregunté:

—¿Cómo haremos eso?

—Cierra tus ojos y siente que el color azul se lava de tu cuerpo y se desvanece en el piso. Luego con el verde hacemos un remolino, lo mandamos al techo y a las esquinas y después al piso, abajo, abajo, abajo hasta el suelo.

No volvió a tener pesadillas nunca más.

• • •

¿Se pueden usar estas habilidades de comunicación con niños más grandes?

Sí. Los principios y habilidades de *Cómo ser el papá o la mamá que siempre quisiste ser* aplican para personas de todas las edades y para todas las relaciones. He aquí algunas cartas de tres tipos diferentes de padres que describen momentos emocionantes que sucedieron entre ellos y sus hijos adolescentes.

Mi hija Betsy (trece años) es ultrasensible, arisca, del tipo de personas "no me toques". No hace falta mucho para que explote. Ayer por la mañana tenía que ir a mi taller "Cómo hablar...", así que le pedí a mi esposo que llevara a Betsy y los chicos a la escuela. Mientras me preparaba para irme, me di cuenta de que Betsy no estaba lista. Su padre estaba irritado y ella se estaba secando el cabello delante del espejo.

—Vas a hacer que llegue tarde por tus tonterías —gritó—. A nadie le importa cómo luce tu cabello. Tenemos que irnos ¡ya!

Betsy estaba a punto del quiebre. Me dirigí a ella y le dije:

—Es horrible estar de prisa, especialmente cuando te quieres ver bien—. Bueno, esta niña que rechaza cualquier expresión física de afecto, se giró hacia mí, me dio un fuerte abrazo y corrió hacia la puerta.

Había una fuerte tormenta invernal y un apagón general. Dijeron que estaríamos así durante, al menos, ¡una semana! Como mi madre de noventa años vivía con nosotros y no quería que se congelara, reservé un hotel para la familia. Cuando le dije a mi hija de quince años que empacara, se enfureció.

—No es justo, no quiero ir a un hotel. No puedes obligarme.La escuela está cerrada y mis amigos van a salir juntos. ¡Lo estás arruinando!

Se dejó caer sobre su cama.

Mil cosas pasaron por mi cabeza: "¿Cómo puedes ser tan egoísta? ¿Quieres que la abuela enferme? ¿Por qué no aprovechas la oportunidad para pasar tiempo con ella? Podría ser su último año. Tus amigos no van a salir sin electricidad. Eso significa no televisión, no computadora, no abrir el refrigerador cada cinco minutos. ¿Te das cuenta que la gente está padeciendo esta tormenta? ¡No todo tiene que ver contigo!".

Después de darme el gusto de pensar en todo esto, entré en su habitación y le dije sinceramente:

—Me doy cuenta de que es muy frustrante para ti. Querías quedarte y estar con tus amigos —salí de la habitación.

Cinco minutos más tarde, vino a la cocina y contenta me ayudó a empacar. Fue como si hubiera agitado una varita mágica.

Jaimie, mi hija de dieciséis años, debe entregar una composición en español para el día lunes. Ha estado hablando de ello todo el fin de semana y siente que no es buena para hacer esa tarea. La noche del domingo y todo el día estuve ocupada con la cena, las tareas, el pago de cuentas, etc., y me siento a ver una película en la televisión. Finalmente un poco de descanso, paz y tranquilidad… hasta que Jaimie entra como tromba en la habitación, avienta sus libros al suelo y comienza a escribir. La noto agitada.

JAIMIE: Esto es tan estúpido. La maestra de español es una tarada.

Comienzo a molestarme. Trato de decir algo como: "Si sabías que tenías esa tarea, ¿por qué esperaste hasta el último minuto? ¡Deja de quejarte! Me estás molestando ahora que trato de relajarme.

Jaimie probablemente habría gritado que no la entiendo y que no la escucho. Habría roto a llorar, se habría encerrado en su habitación, enojada conmigo, y yo habría estado furiosa con ella.

Afortunadamente, una bandera roja ondeó en mi cerebro advirtiéndome: "Cuidado, una adolescente estresada". He aquí lo que sucedió:

YO: Parece que la tarea no es fácil.

JAIMIE: Sí (*los ojos llenos de lágrimas*). Es tan estúpida la maestra.

YO: ¿Sientes que tu maestra de español es injusta al darte esta tarea?

JAIMIE: No… es que yo pensaba que iba a ser más una clase de conversación.

YO: ¡Ah! Pensabas que ibas a hablar más que a escribir.

JAIMIE: (*sin tantas lágrimas en los ojos*). Ajá. (*está escribiendo furiosa y finalmente cierra la libreta*).

YO: ¡Ya terminaste! Te debes sentir bien.

JAIMIE: (*con un gran suspiro de alivio*) ¡Sí!

YO: ¿Cuál era el tema?

JAIMIE: Tenía que escribir sobre la persona que más admiro.

YO: ¿Sobre quién escribiste?

JAIMIE: Sobre ti.

Para más información

Si quieres saber más sobre cómo comunicarte efectivamente con tus hijos, puedes buscar los libros de Adele Faber y Elaine Mazlish citados en este libro.

Un buen punto de inicio es *Cómo hablar para que los niños escuchen y como escuchar para que los niños hablen.*

Si estás interesado en reunirte con otros padres para compartir y practicar las habilidades de este y otros libros de las autoras, solicita información sobre nuestros talleres. Para más detalles, por favor visita nuestro sitio web www.fabermazlish.com o directamente a info©fabermazlish.com

01800-944-8584
Faber/Mazlish Worshop
P.O. Box 1072
Carmel, NY 10512

Acerca de las autoras

Adele Faber   Elaine Mazlish

Expertas internacionalmente reconocidas en comunicación entre niños y adultos. Adele Faber y Elaine Mazlish se han ganado la gratitud de padres y la entusiasta recomendación de la comunidad profesional.

Su primer libro, *Padres liberados/Hijos liberados,* recibió el premio Cristopher por "lograr la afirmación de los más altos valores del espíritu humano". Sus libros subsecuentes: *Cómo hablar para que los niños escuchen y cómo escuchar para que los niños hablen,* y el *best seller* número uno en ventas (de acuerdo con el *New York Times),* *Hermanos, sin rivalidad,* han vendido más de cuatro millones de copias y se han traducido a más de treinta idiomas. *Cómo hablar para que los niños estudien en casa y en la escuela,* fue citado por la revista *Child* como "el mejor libro del año en educación de excelencia familiar". Los programas y videos de las autoras son utilizados por miles de grupos de padres y maestros en todo el mundo para mejorar las relaciones con sus hijos. Su libro más reciente, *Cómo hablar para que los adolescentes escuchen y cómo escuchar para que los adolescentes hablen*, aborda los difíciles problemas durante los años de la adolescencia.

Ambas autoras han estudiado con el doctor Haim Ginott, psicólogo infantil, y fueron miembros de la facultad de la New School for Social Research en Nueva York y del Family Life Institute en la Universidad de Long Island. Además de sus frecuentes conferencias en Estados Unidos, Canadá y otros países, han sido invitadas por los principales programas de televisión, desde *Oprah* hasta *Good Morning America*. Actualmente residen en Long Island, Nueva York, y cada una de ellas es madre de tres hijos.